PIANO · VOCAL · GUITAR

THE SCRIPT

NO SOUND WITHOUT SILENCE

ISBN 978-1-4950-0923-5

HAL•LEONARD®
CORPORATION
7777 W. BLUEMOUND RD. P.O. BOX 13819 MILWAUKEE, WI 53213

Visit Hal Leonard Online at
www.halleonard.com

If you find any
of these Chords
are wrong. Just
make it up!!
Thats all we did

love Danny

For the first
time here is our
Music scripted
enjoy ... Mark

NO GOOD IN GOODBYE

Words and Music by DANNY O'DONOGHUE,
MARK SHEEHAN and JAMES BARRY

Moderate Rock

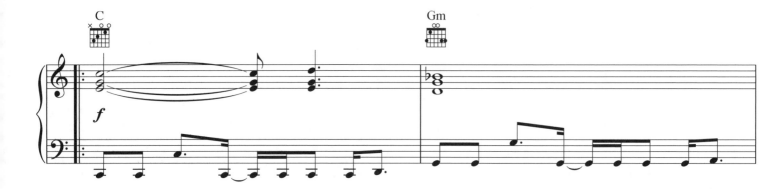

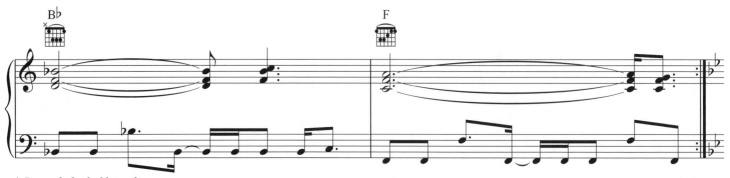

* *Recorded a half step lower.*

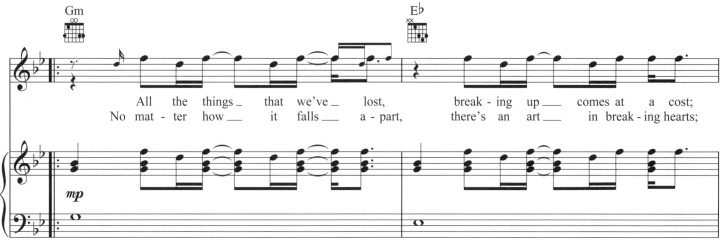

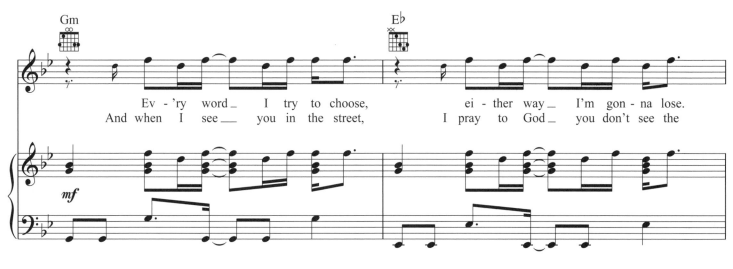

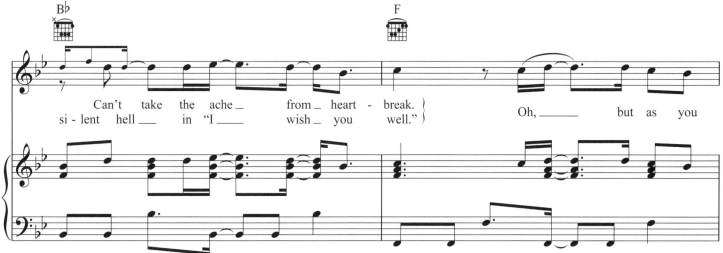

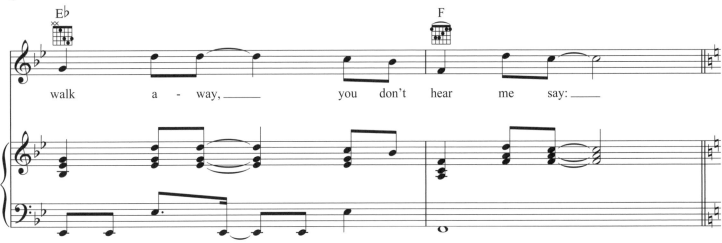

walk a - way, ____ you don't hear me say: ____

Where's the good __ in good - bye? Where's the nice __ in nice __ try?

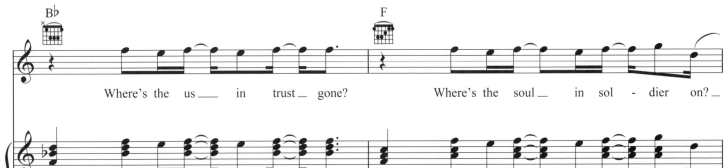

Where's the us __ in trust __ gone? Where's the soul __ in sol - dier on? __

____ Now I'm the low __ in lone - ly 'cause I don't own __ you on - ly.

I can take__ this mis - take, but__ I can't take the ache__ from heart - break.__

No,_____ I can't take the ache__ from heart - break.

(Take the ache,__ take the ache.)__ I can't take the ache__ from heart - break.__

(Take the ache, __ take the ache.) __ I can't take the ache __ from heart - break.

(Take the ache, __ take the ache, __ can't take the ache __ from...) If I could __

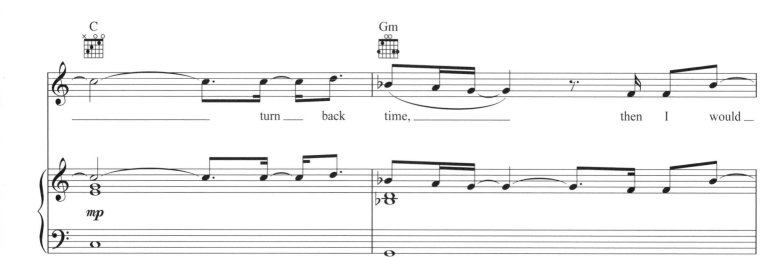

__ turn __ back time, __ then I would __

__ re - write __ those lines. __ If I could __

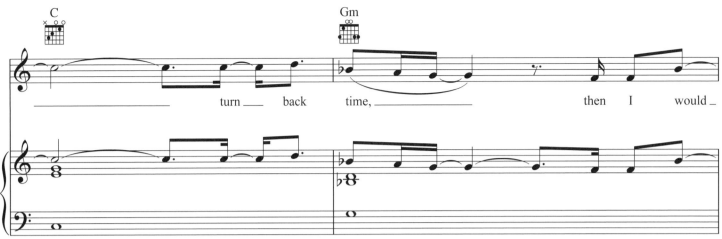

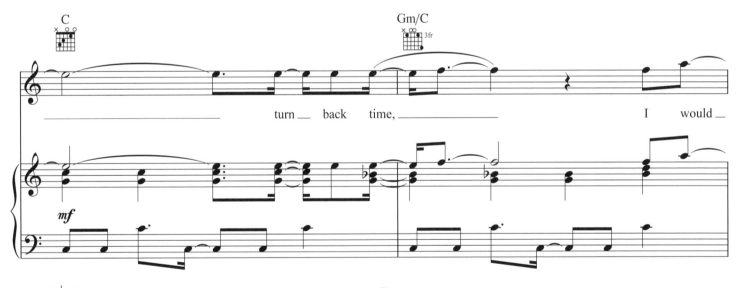

turn __ back __ time, __ I would __

D.S. al Coda

re - write those lines, __ lines, __ lines, __ yeah. _____

CODA

(Take the ache, __ take the ache, __ can't take the ache __ from heart - break.

Take the ache, __ take the ache, __ I can't take the ache __ from heart - break.

Take the ache, __ take the ache, __ can't take the ache __ from heart - break.

Take the ache, __ take the ache, __ I can't take the ache __ from...) If I could __

turn __ back time, _____ then I would __

re - write __ those lines. _____

SUPERHEROES

Words and Music by DANNY O'DONOGHUE,
MARK SHEEHAN and JAMES BARRY

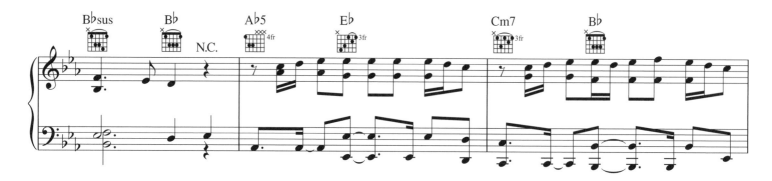

All her life, ___ she has seen ___ all the mean-

-er side ___ of mean. ___ They took a-way ___ the proph-et's dream ___ for a prof-

steel __ starts to grow. When you've been fight-ing for it all your __ life, __ you've been strug-gl-ing to

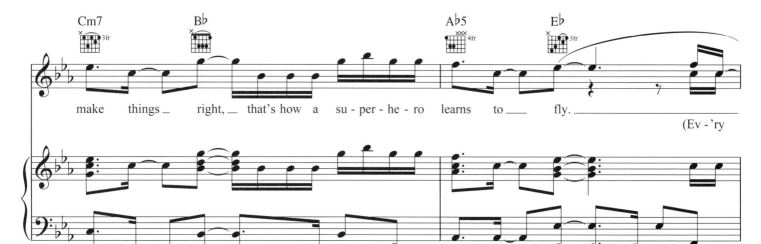

make things __ right, __ that's how a su-per-he-ro learns to __ fly. _____ (Ev -'ry

day, ev-'ry ho - ur, turn their pain in - to pow - er.) When you've been fight-ing for it

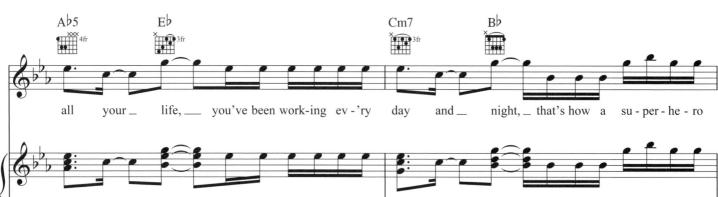

all your __ life, __ you've been work-ing ev-'ry day and __ night, __ that's how a su-per-he-ro

day, ev-'ry ho-ur, turn their pain in-to pow-er.)

To Coda ⊕

(Ev-'ry

She's got li-ons in her heart, a fi-re in her soul. He's got a
day, ev-'ry ho-ur, turn their pain in-to pow-er.)

beast in his bel-ly that's so hard to con-trol. 'Cause they've

ex - plode, ex - plode, ex - plode. When you've been fight - ing for it

day, ev - 'ry ho - ur, turn their pain in - to pow - er.)

When you've been fight - ing for it

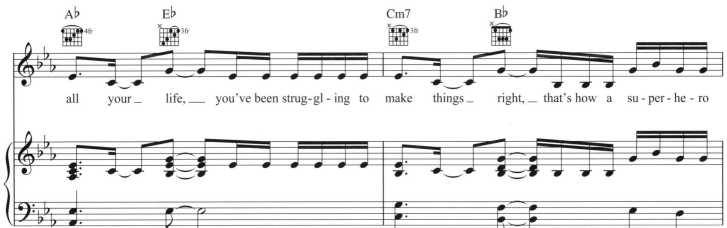

all your life, you've been strug - gl - ing to make things right, that's how a su - per - he - ro

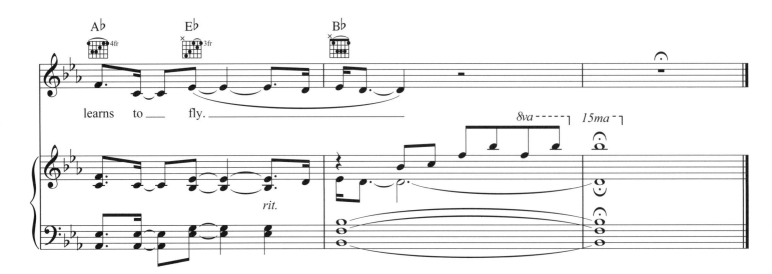

learns to fly.

MAN ON A WIRE

Words and Music by DANNY O'DONOGHUE
and MARK SHEEHAN

Who'd-'ve thought _ that I'd be here by my-self? _

Who'd-'ve thought _ that you'd be bad for my health? _ Now I know, _

_____ now I know _____ I'm just a man on a wi -

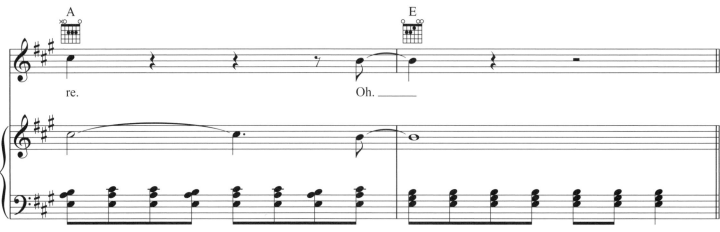

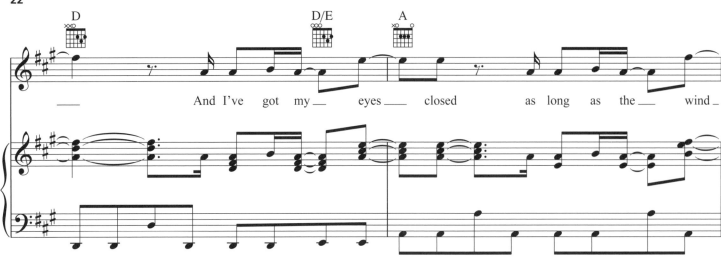

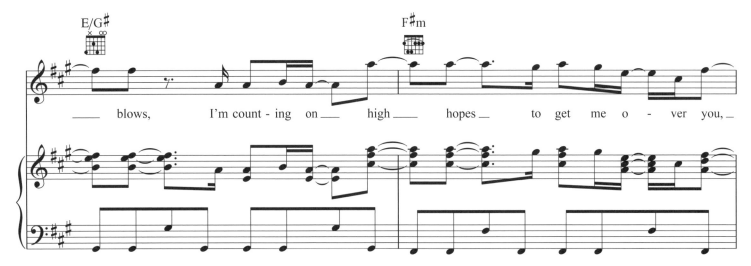

No safe - ty nets, __ oh, now you're not __ a - round. _____ I

have to keep walk - ing to keep me from fall - ing down. _

**D.S. al Coda
(take 2nd ending)**

Yeah, _____ feels like I'm walk - ing a ____ tight -

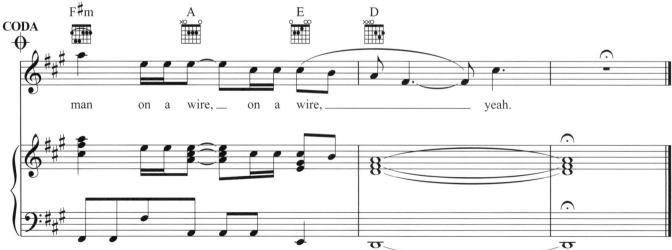

CODA

man on a wire, __ on a wire, _____ yeah.

IT'S NOT RIGHT FOR YOU

Words and Music by DANNY O'DONOGHUE,
MARK SHEEHAN and JAMES BARRY

* *Recorded a half step lower.*

If we stay here too long, _____ then we'll, we'll nev - er go. _____ So,

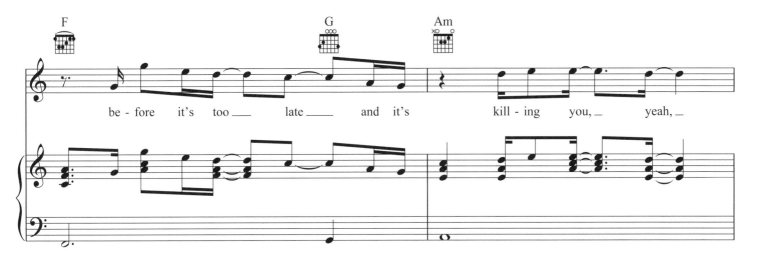

be - fore it's too _____ late _____ and it's kill - ing you, _ yeah, _

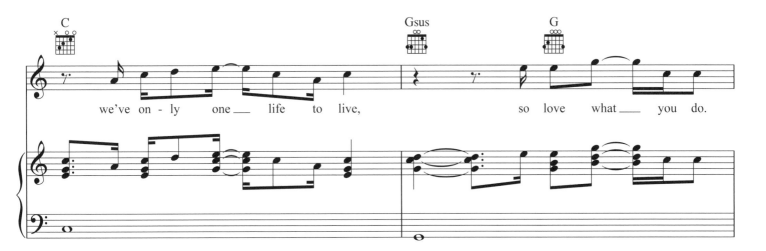

we've on - ly one _____ life to live, so love what _____ you do.

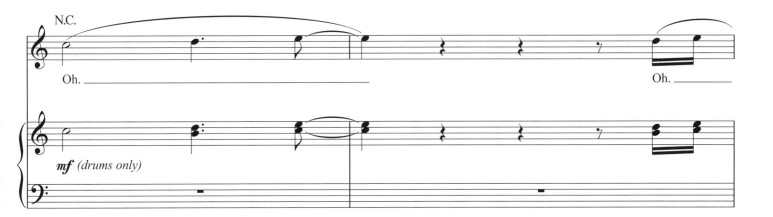

Oh. _____ Oh. _____

mf (drums only)

D.S. al Coda

It's not right, it's not right ___ for you.

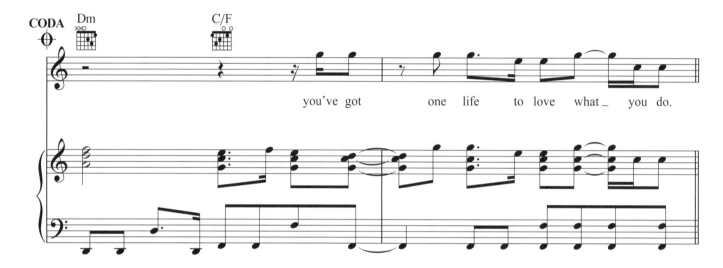

CODA Dm   C/F

you've got   one life to love what _ you do.

C   G/B   Am

In the end, ___ in the end, ___ bet - ter hope that you're tak - ing it all in,

Dm   C/F   G   C

You've got   one life to love what _ you do.

in the end, ___ in the end. ___

THE ENERGY NEVER DIES

Words and Music by DANNY O'DONOGHUE,
MARK SHEEHAN, JAMES BARRY,
STEVE KIPNER and ANDREW FRAMPTON

Moderately fast

be blown _ to _ piec - es, _ be-cause time's _ a tick - ing bomb. _

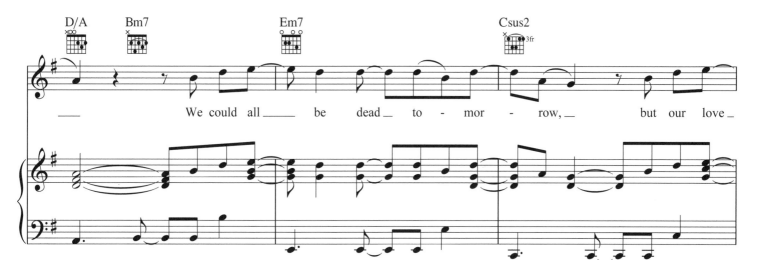

We could all _ be dead _ to - mor - row, _ but our love _

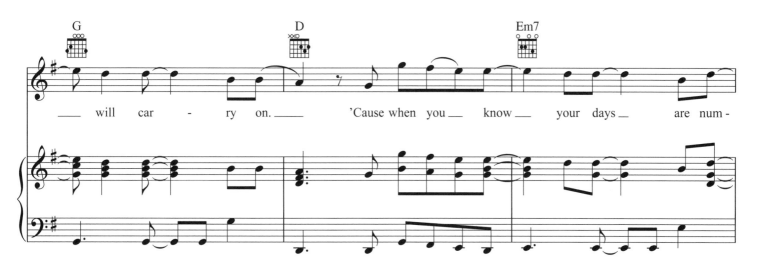

_ will car - ry on. _ 'Cause when you _ know _ your days _ are num -

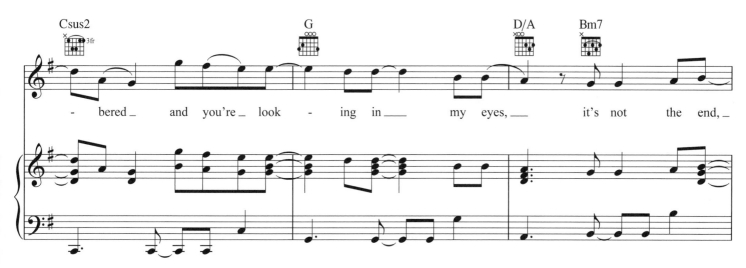

- bered _ and you're _ look - ing in _ my eyes, _ it's not the end, _

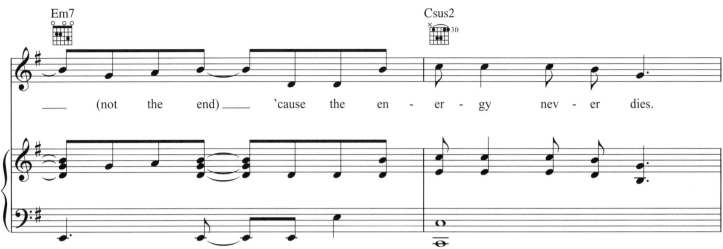

(not the end) ___ 'cause the en - er - gy nev - er dies.

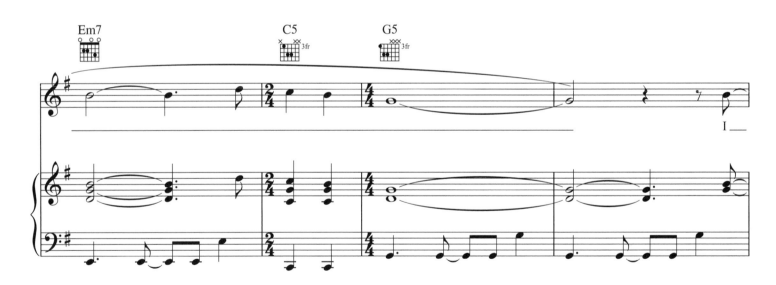

Whoa. ___ Whoa. ___

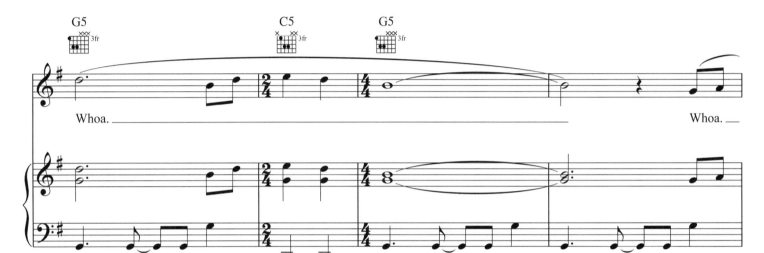

I ___

___ fell for you and I nev - er got up.

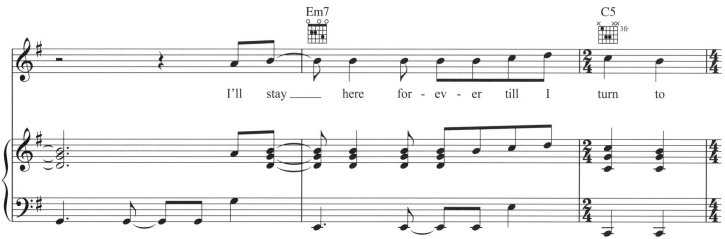

I'll stay _____ here for - ev - er till I turn to

dust. _____ Let's take _____ ev - 'ry min - ute, make it

last for life. _____ Whoa, _____

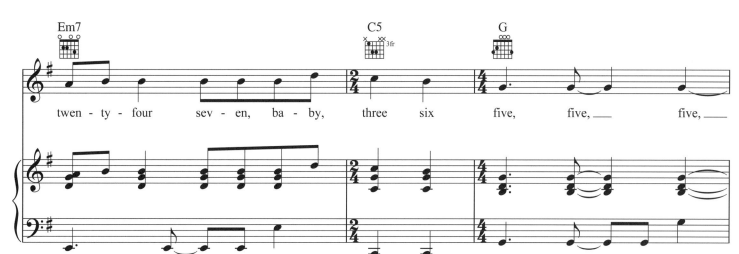

twen - ty - four sev - en, ba - by, three six five, five, _____ five, _____

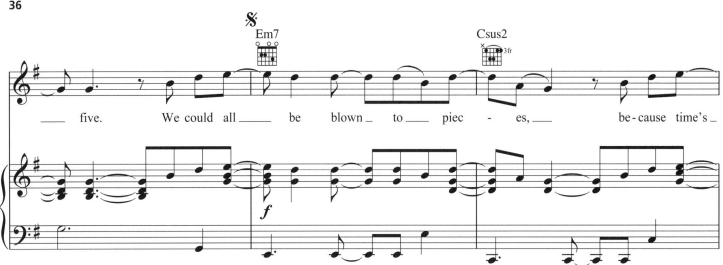

five. We could all ___ be blown ___ to ___ piec - es, ___ be-cause time's ___

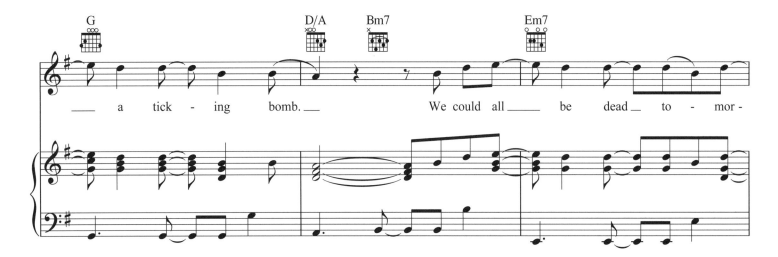

___ a tick - ing bomb. ___ We could all ___ be dead ___ to - mor -

- row, ___ but our love ___ will car - ry on. ___ 'Cause when you ___ know ___

___ your days ___ are num - bered, ___ and you're ___ look - ing in ___ my eyes, ___

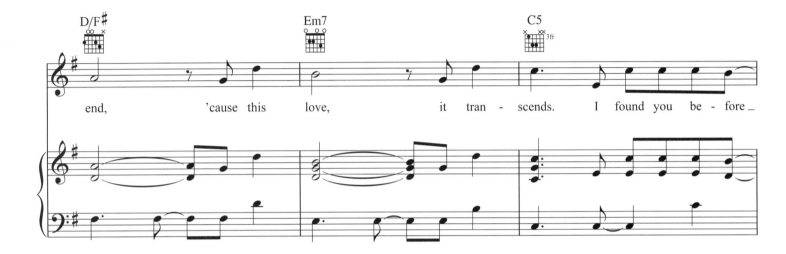

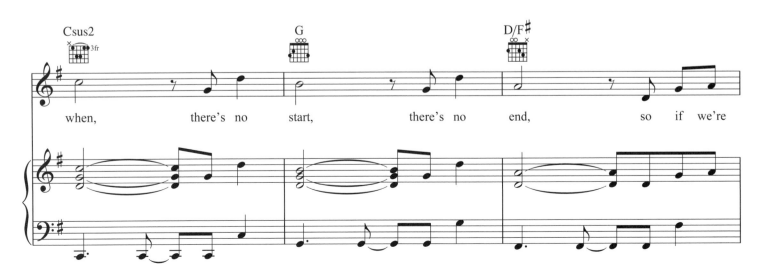

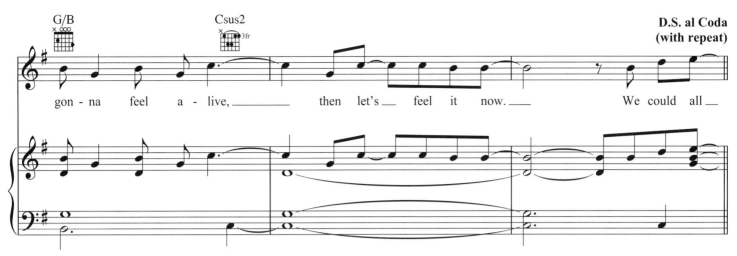

gon-na feel a - live,_____ then let's __ feel it now. ___ We could all __

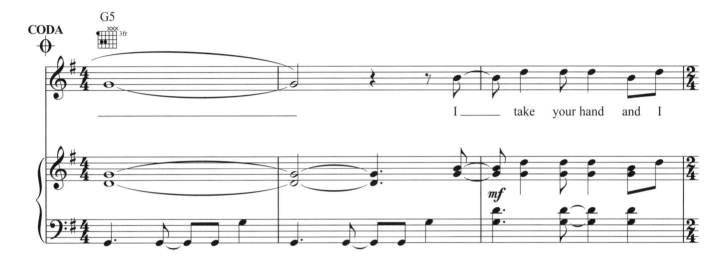

I _____ take your hand and I

hold real tight. I tell you

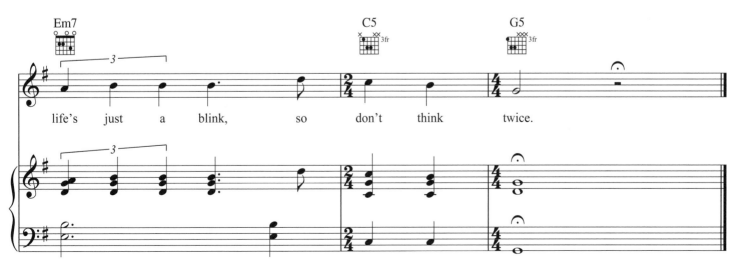

life's just a blink, so don't think twice.

FLARES

Words and Music by DANNY O'DONOGHUE,
MARK SHEEHAN, JAMES BARRY
and RYAN TEDDER

Moderate Ballad

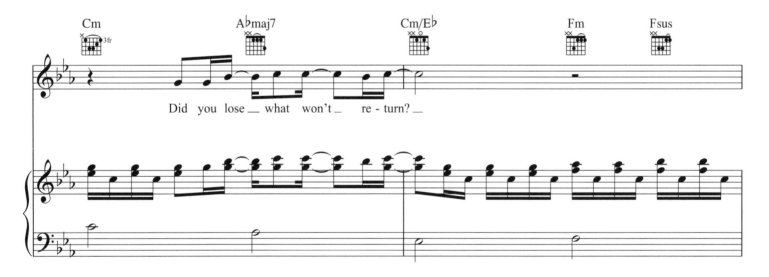

Did you lose __ what won't __ re - turn? __

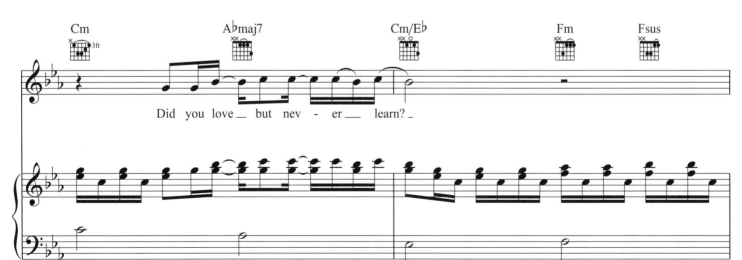

Did you love __ but nev - er __ learn? __

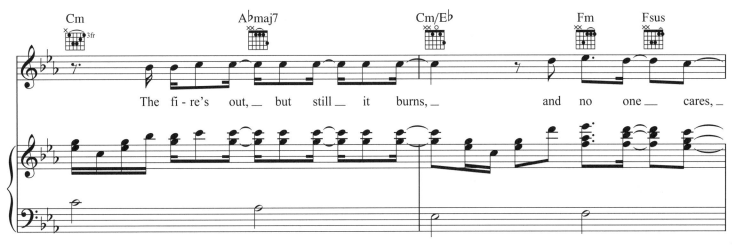

The fi - re's out, __ but still __ it burns, __ and no one __ cares, __

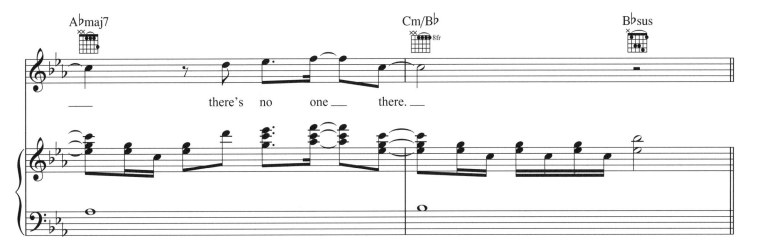

__ there's no one __ there. __

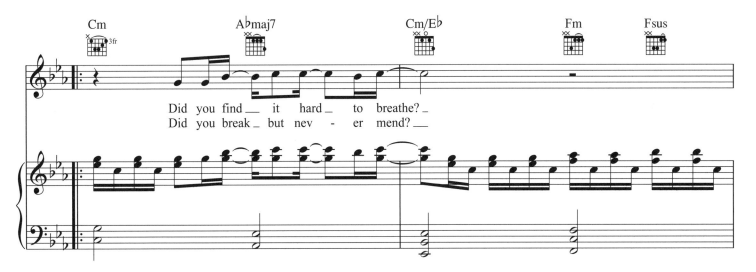

Did you find __ it hard __ to breathe? __
Did you break __ but nev - er mend? __

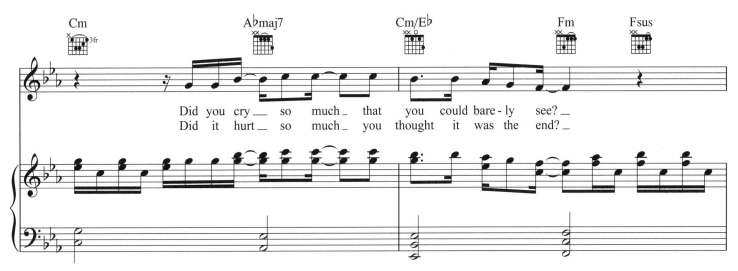

Did you cry __ so much __ that you could bare - ly see? __
Did it hurt __ so much __ you thought it was the end? __

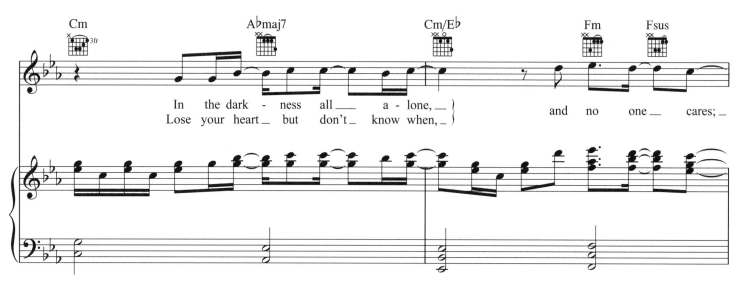

In the dark-ness all ___ a - lone, ___ and no one ___ cares; ___
Lose your heart ___ but don't ___ know when, ___

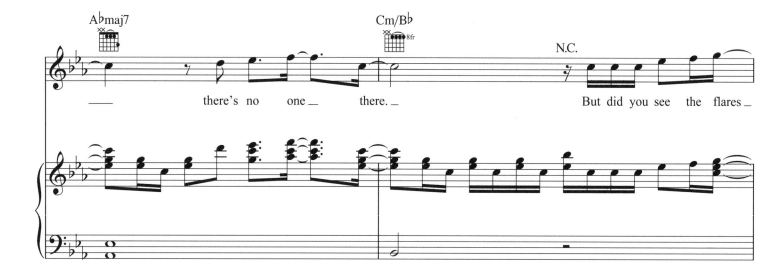

___ there's no one ___ there. ___ But did you see the flares ___

___ in the sky? ___ Were you blind - ed by ___ the light? ___ Did you feel the smoke ___

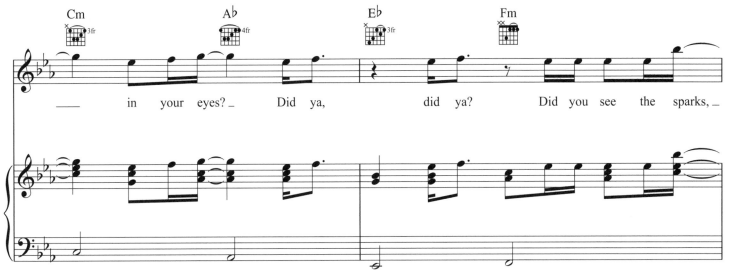

in your eyes? _ Did ya, did ya? Did you see the sparks, _

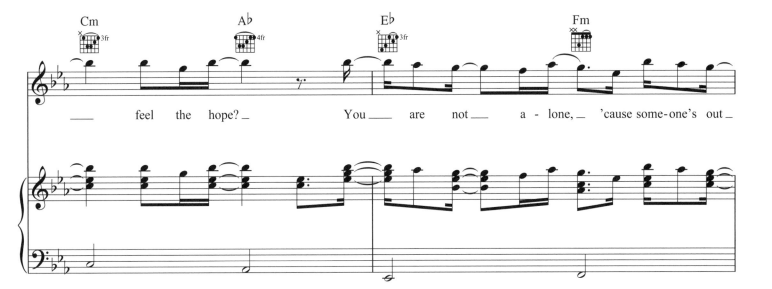

_ feel the hope? _ You _ are not _ a - lone, _ 'cause some-one's out _

_ there send - ing out _ flares.

_flares. ___ Some-one's out ___ there send-ing out ___

_flares. _____

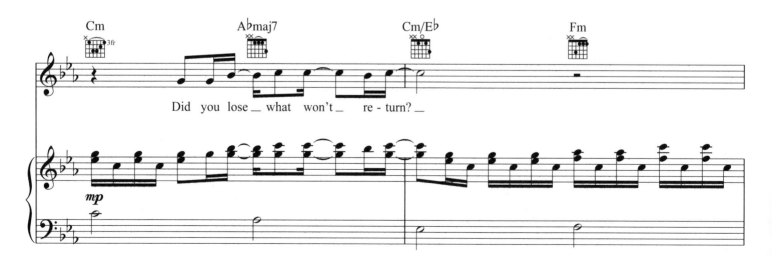

Did you lose ___ what won't ___ re-turn? ___

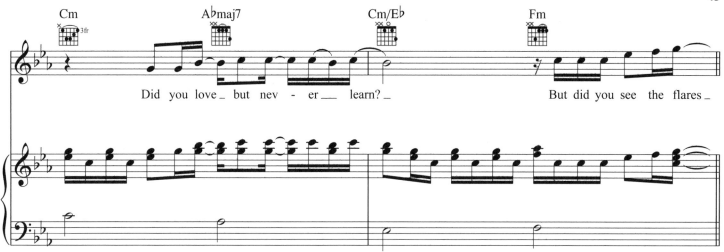

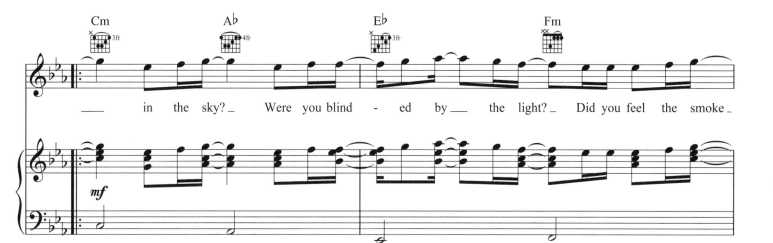

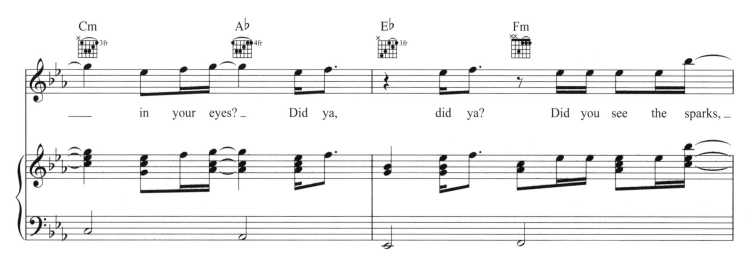

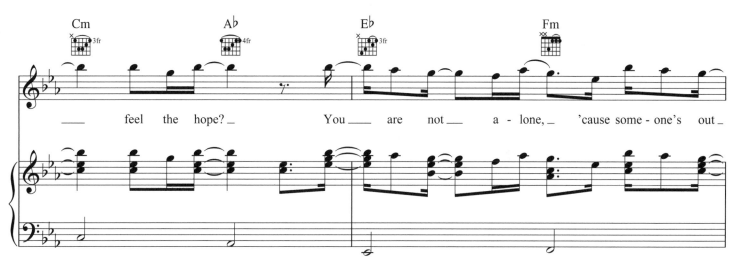

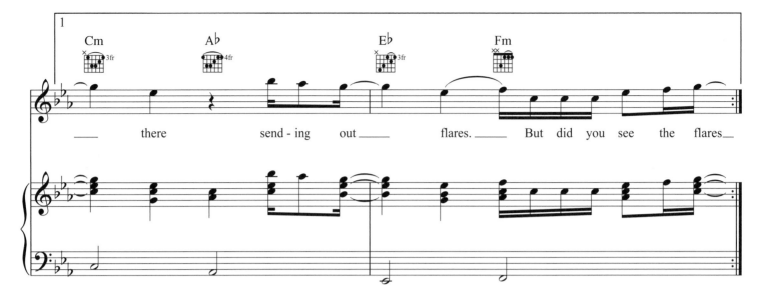

there send-ing out _____ flares. _____ But did you see the flares_____

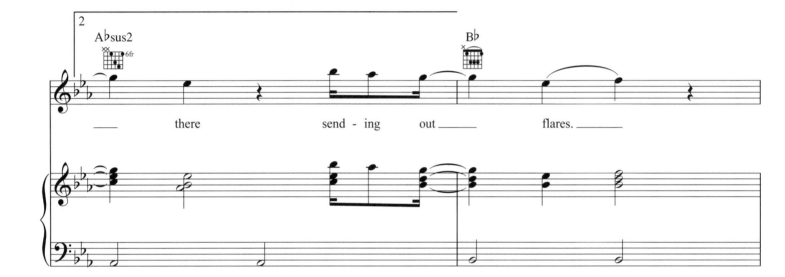

_____ there send-ing out _____ flares. _____

ARMY OF ANGELS

Words and Music by DANNY O'DONOGHUE,
MARK SHEEHAN and ANDREW FRAMPTON

Moderate Pop Rock

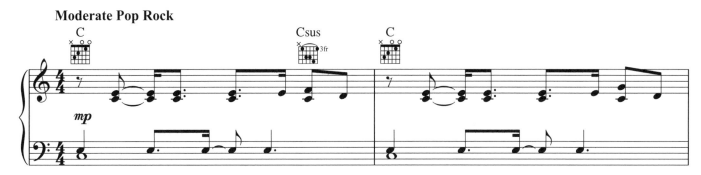

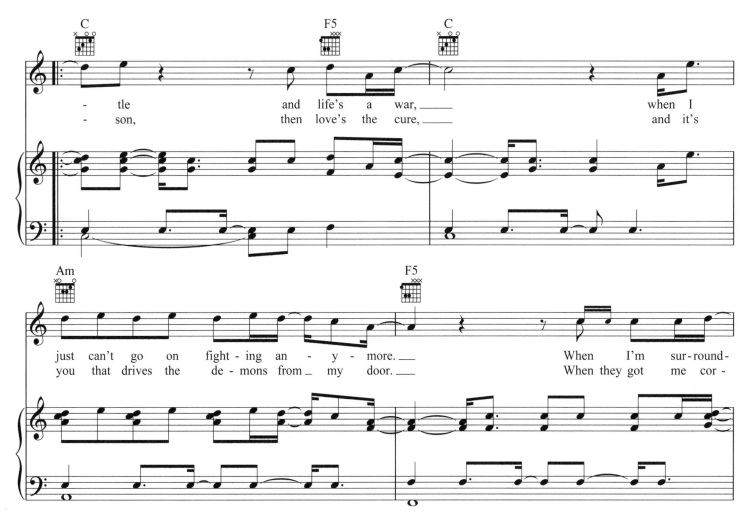

When love's a bat-

-tle   and life's a war,___   when I
-son,   then love's the cure,___   and it's

just can't go on fight-ing an-y-more.___ When I'm sur-round-
you that drives the de-mons from__ my door.___ When they got me cor-

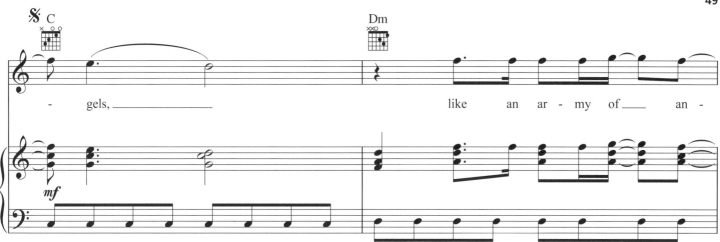

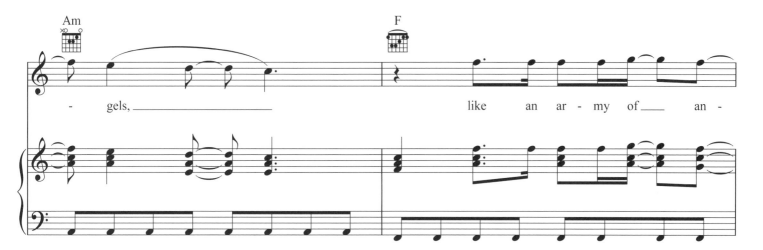

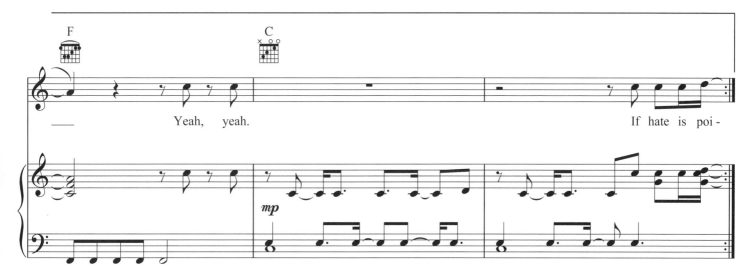

-gels, an - gels, an - gels, an - gels. Through the

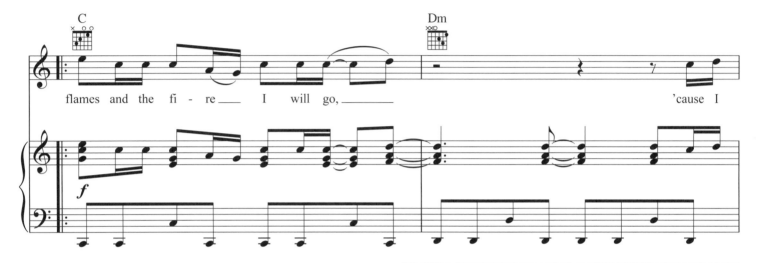

flames and the fi - re ___ I will go, ___ 'cause I

know, yeah, I know that I'm not a - lone. ___ Through the

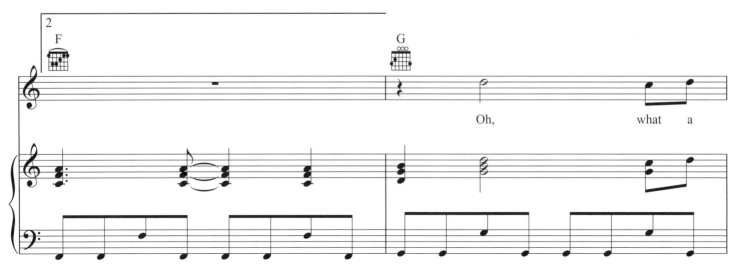

Oh, what a

beau - ti - ful sight, oh. _____ A hun - dred thou - sand

sol - diers in the sky, oh. _____ I don't need to

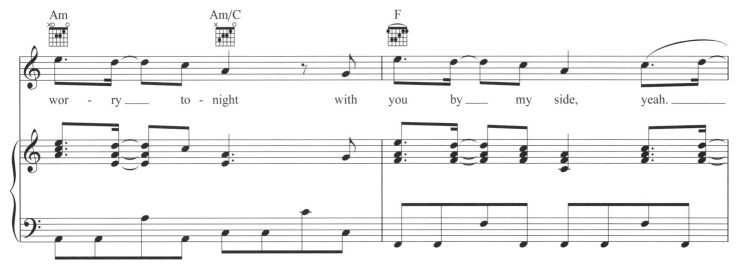

wor - ry _____ to - night with you by _____ my side, yeah. _____

D.S. al Coda

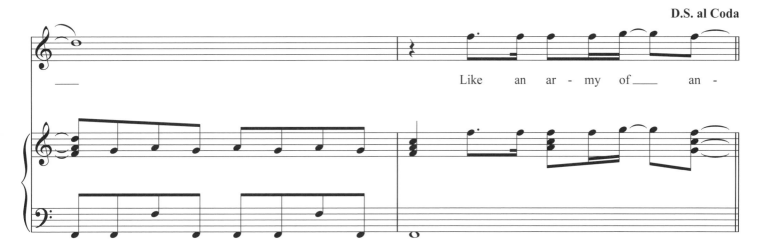

Like an ar - my of _____ an -

- gels. _____
know, yeah, I know that I'm not a - lone. _____

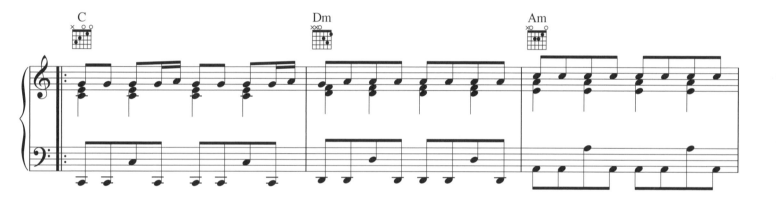

NEVER SEEN ANYTHING
"QUITE LIKE YOU"

Words and Music by DANNY O'DONOGHUE,
MARK SHEEHAN and JAMES BARRY

Moderately slow, in 2

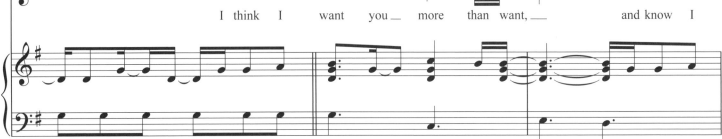

I think I want you __ more than want, __ and know I

need you __ more than need. __ I wan-na hold you __ more than hold __

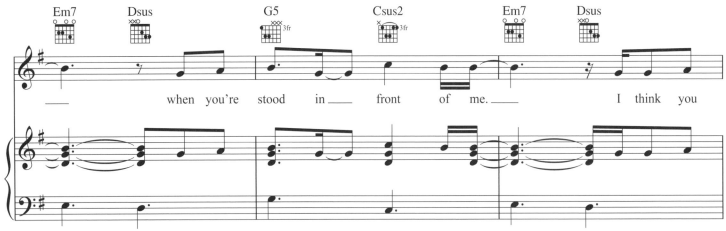

__ when you're stood in __ front of me. __ I think you

* Recorded a half step lower.

know me ___ more than know, ___ and you see me ___ more than

see. I could die now, ___ more than die, ___ ev - 'ry

time you ___ look at me. ___ Well, I've seen you in jeans ___ with

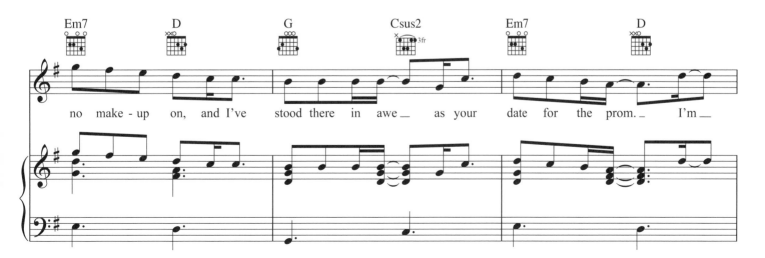

no make - up on, and I've stood there in awe ___ as your date for the prom. ___ I'm ___

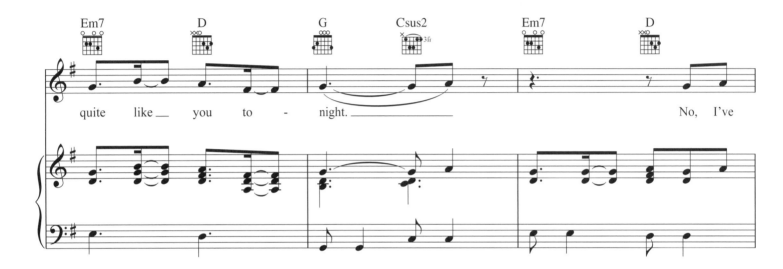

take this mo-ment now _____ right in-to the ___ grave with

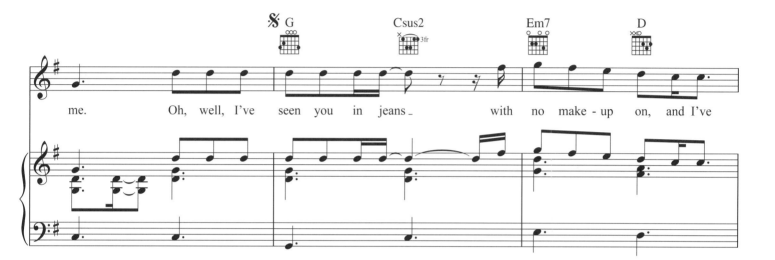

me. Oh, well, I've seen you in jeans ___ with no make-up on, and I've

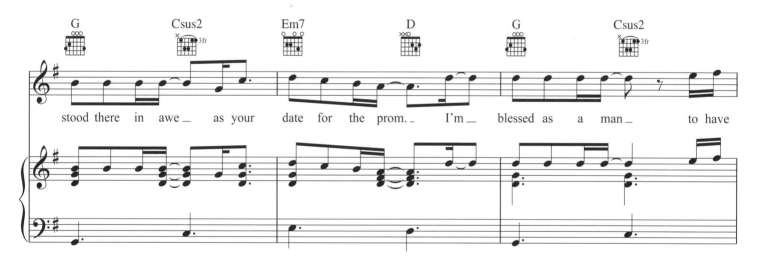

stood there in awe ___ as your date for the prom. ___ I'm ___ blessed as a man ___ to have

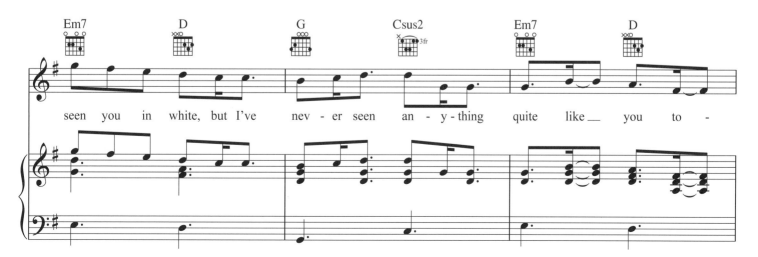

seen you in white, but I've nev-er seen an-y-thing quite like ___ you to -

night. _____ No, _____ no, I've nev-er seen an-y-thing

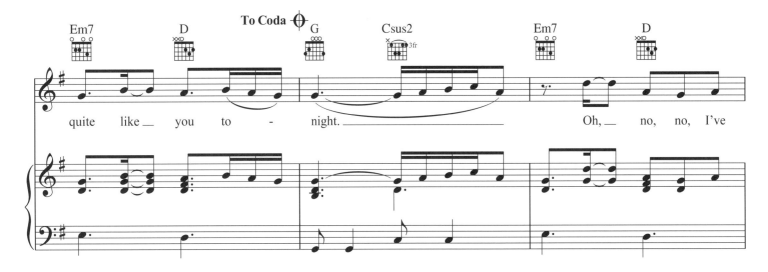

To Coda ⊕

quite like __ you to - night. _____ Oh, __ no, no, I've

nev - er seen an - y-thing quite like __ you to - night.

mp

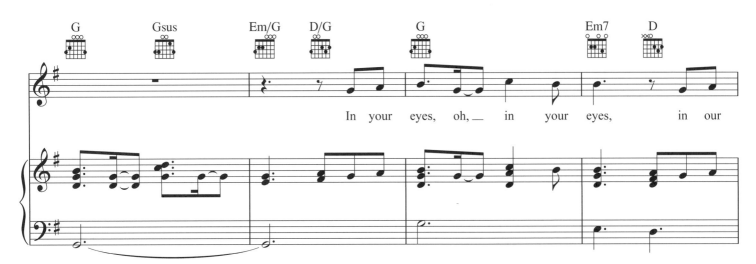

In your eyes, oh, __ in your eyes, in our

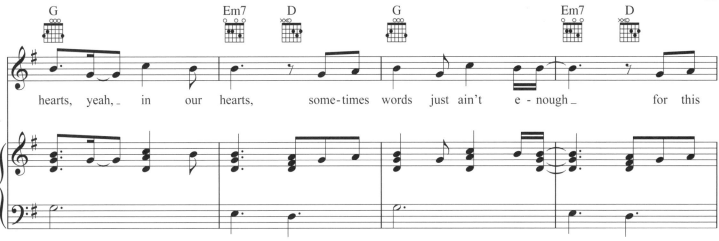

hearts, yeah, _ in our hearts, some-times words just ain't e - nough _ for this

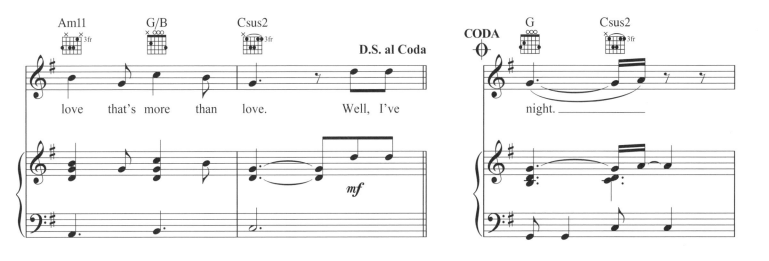

love that's more than love. Well, I've

night. _____

Oh, _____ no, I've nev - er seen an - y-thing quite like _ you to - night.
(Ooh.) _____

_____ Ooh. _____

PAINT THE TOWN GREEN

Words and Music by DANNY O'DONOGHUE, MARK SHEEHAN and JAMES BARRY

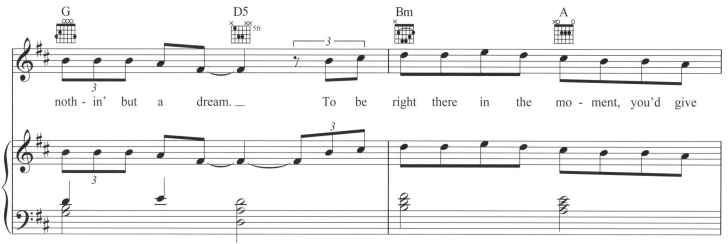

noth - in' but a dream. __ To be right there in the mo - ment, you'd give

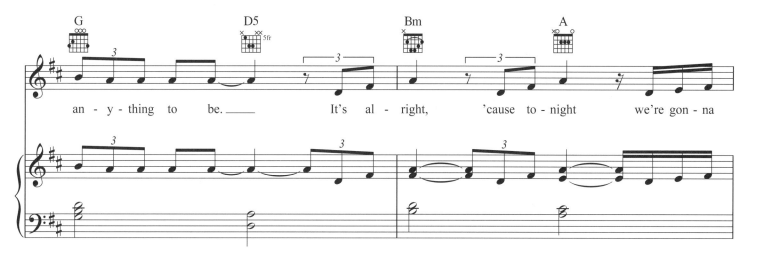

an - y - thing to be. ____ It's al - right, 'cause to - night we're gon - na

paint the town __ green. __ Your friends are on the phone now; it's so

trav - el on the sub - way like it

close to Pad - dy's Day. __ And it kills you not to be there, but

was the Lu - as Line; __ chase the Hud - son to the Lif - fey, where __ we

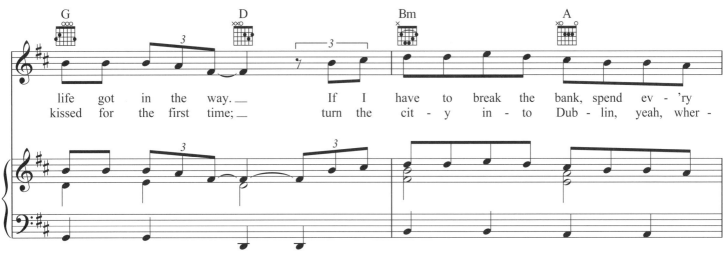

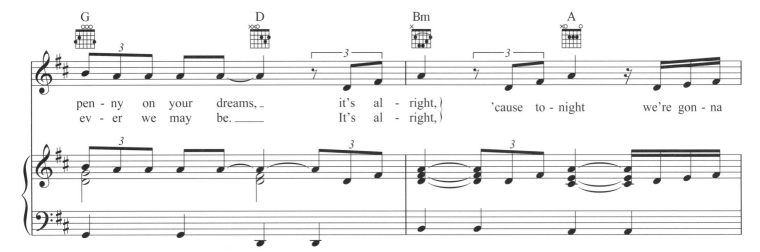

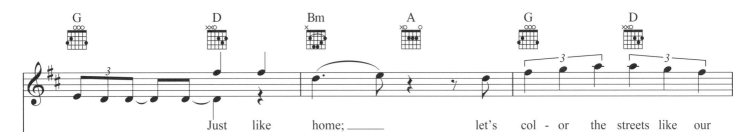

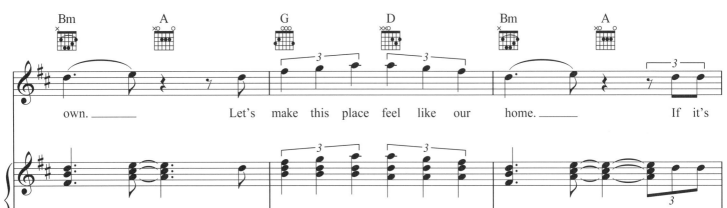

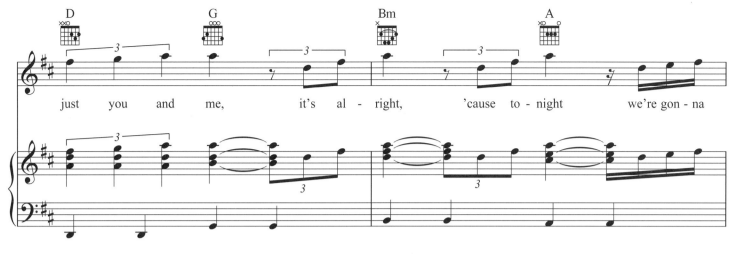

just you and me, it's al - right, 'cause to - night we're gon - na

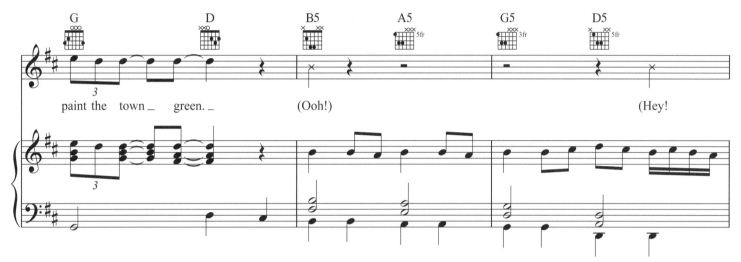

paint the town __ green. __ (Ooh!) (Hey!

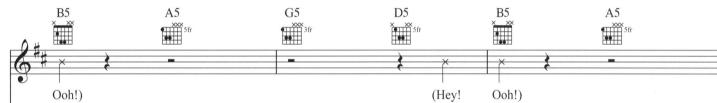

Ooh!) (Hey! Ooh!)

(Hey! Ooh!) (Hey!) And we'll

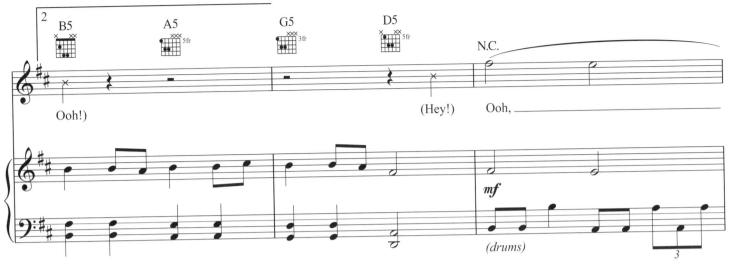

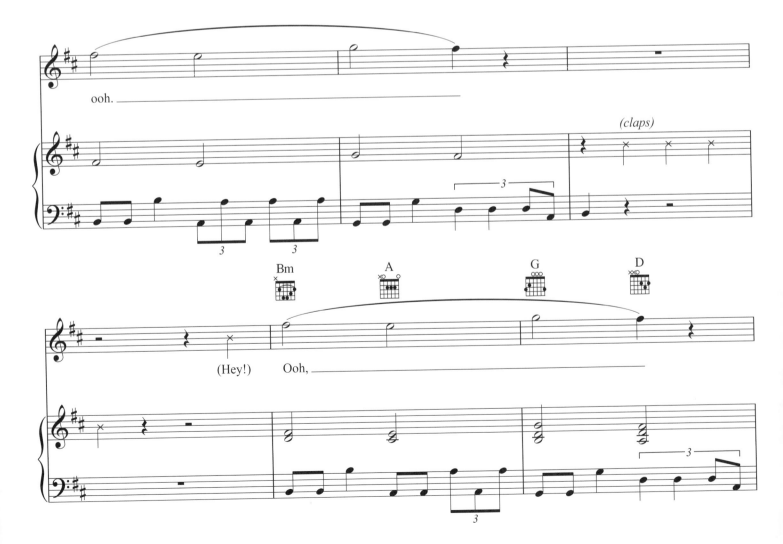

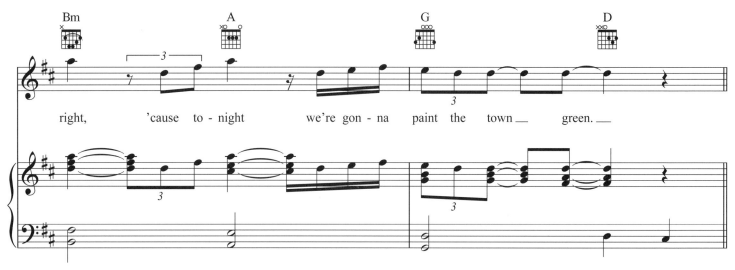

right, 'cause to - night we're gon - na paint the town ___ green. ___

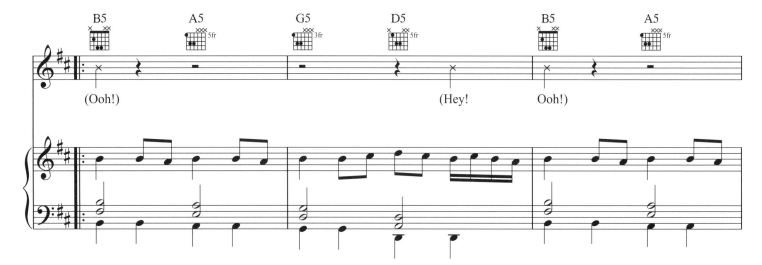

(Ooh!) (Hey! Ooh!)

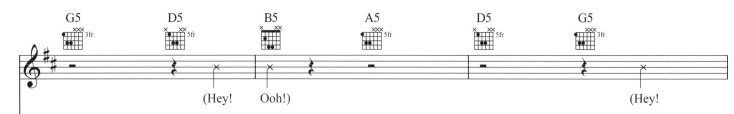

(Hey! Ooh!) (Hey!

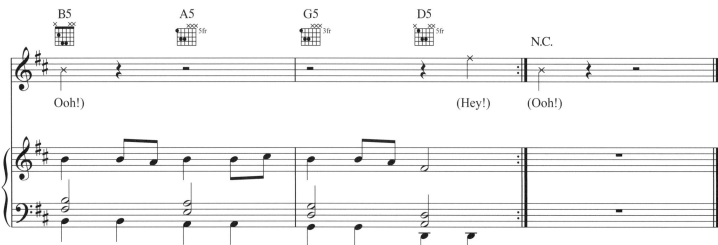

Ooh!) (Hey!) (Ooh!)

WITHOUT THOSE SONGS

Words and Music by DANNY O'DONOGHUE,
MARK SHEEHAN and JAMES BARRY

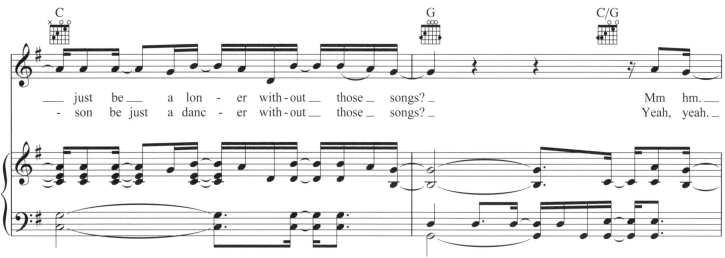

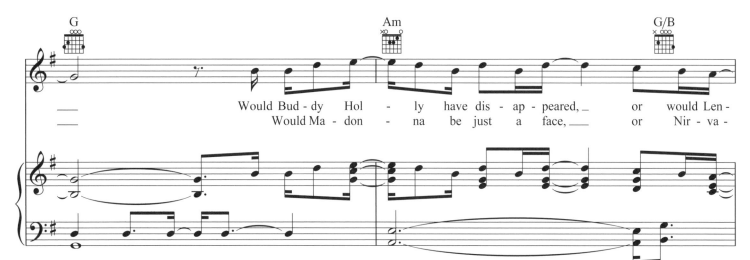

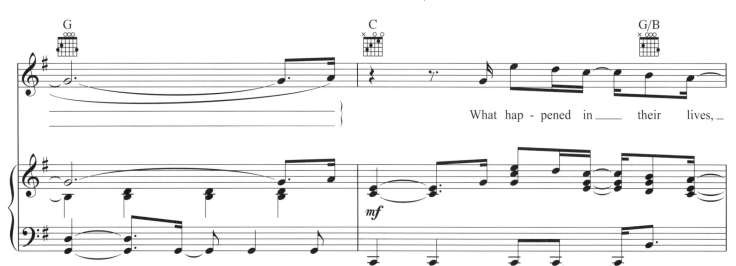

what hap - pened in ___ their hearts ___ to make them wan - na write ___ the words ___

___ that's gon - na tear ___ this world ___ a - part? The beau - ty of ___ their lives ___

___ is: when ___ they're dead ___ and gone, ___ the world ___ still sings ___ a - long. ___

___ When an - y - thing ___ went right, ___ when an - y - thing ___ went wrong, ___

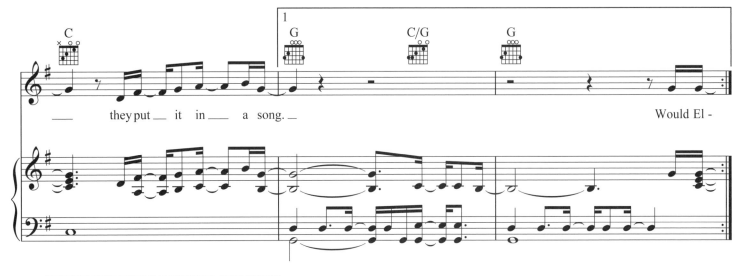

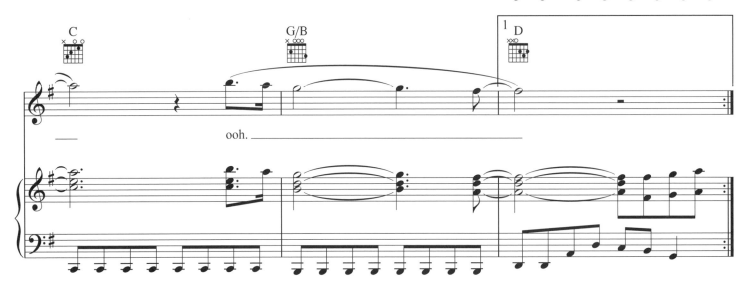

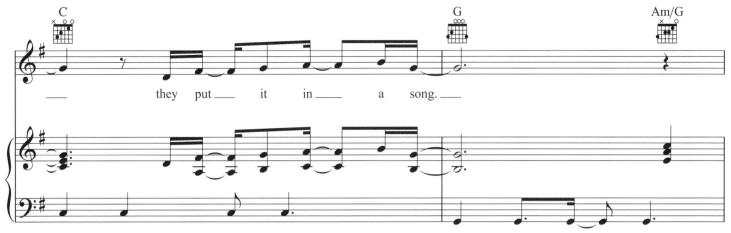

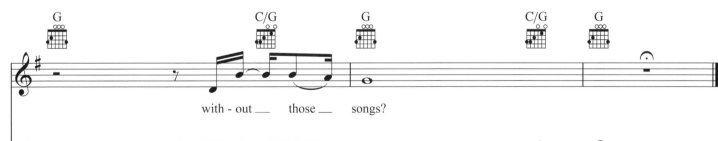

HAIL RAIN OR SUNSHINE

Words and Music by DANNY O'DONOGHUE,
MARK SHEEHAN and JAMES BARRY

Quickly, with energy

We're late to bed, we're ear-ly to rise,

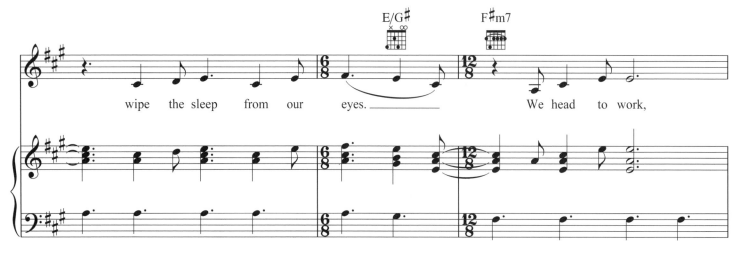

wipe the sleep from our eyes. _____ We head to work,

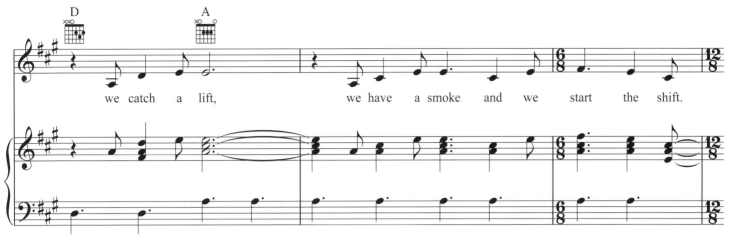

we catch a lift, we have a smoke and we start the shift.

We o - pen up, we start to wake. May - be it's gon - na

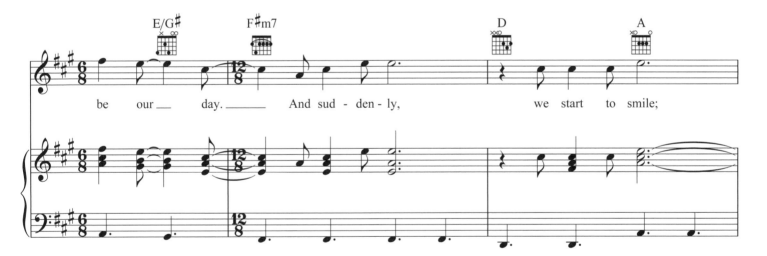

be our ___ day. _____ And sud - den - ly, we start to smile;

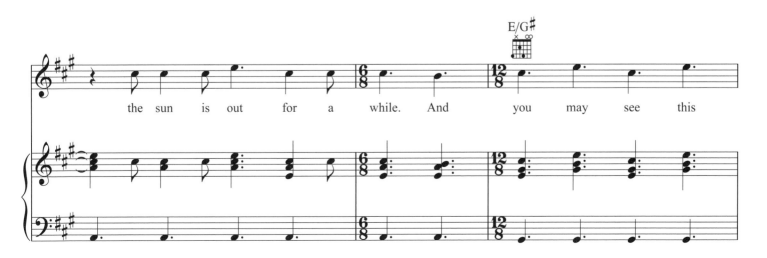

the sun is out for a while. And you may see this

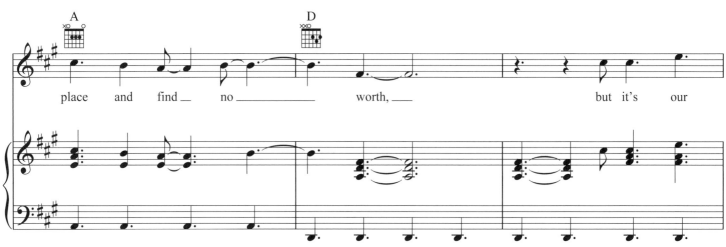

place and find __ no _____ worth, ___ but it's our

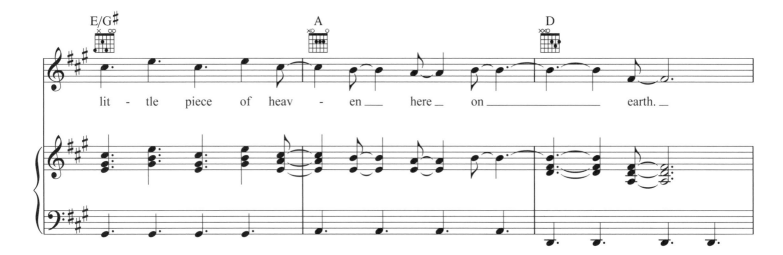

lit - tle piece of heav - en __ here __ on _____ earth. __

Yeah, we al - ways have __ a good

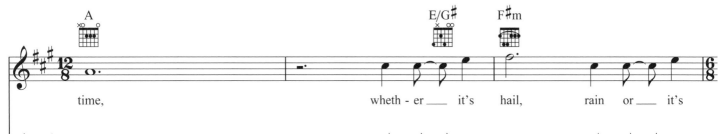

time, wheth - er __ it's hail, rain or __ it's

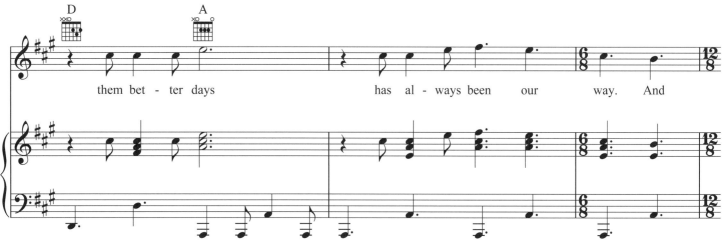

them bet - ter days has al - ways been our way. And

you may see my friends and find __ no __ worth, __

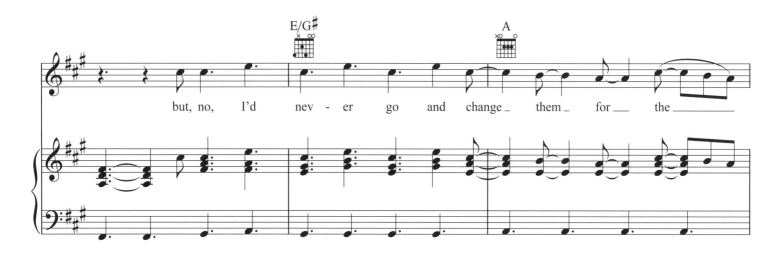

but, no, I'd nev - er go and change __ them __ for __ the __

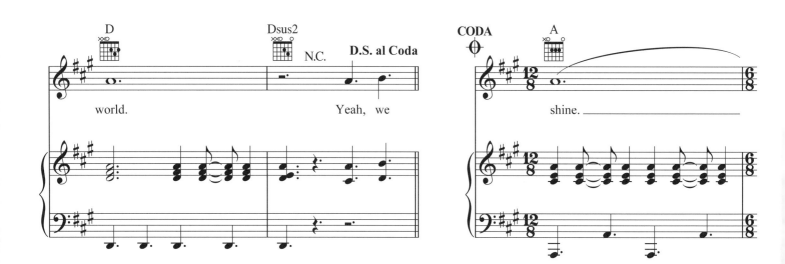

world. Yeah, we shine. __

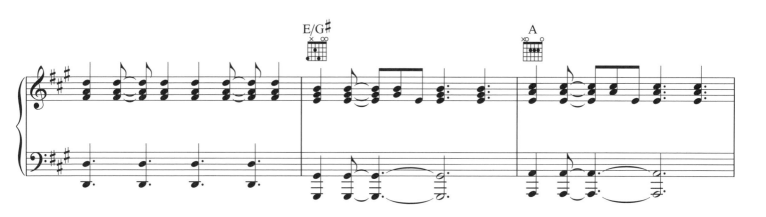

Yeah, we al - ways have _ a

good time, wheth - er ___ it's hail, rain or ___ it's

sun - shine. Al - ways have __ a good

time,   wheth - er __ it's   hail,   rain or __ it's

sun - shine.   Yeah, we're   all   liv - ing __ the

good   life,   wheth - er __ it's

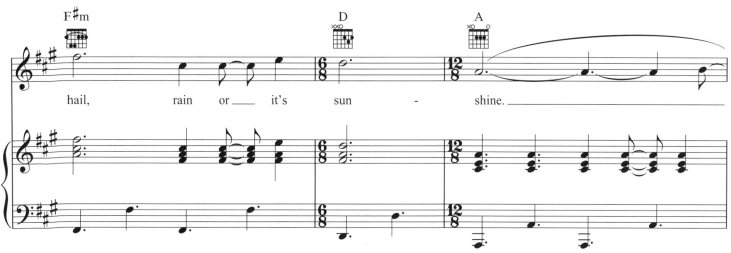

hail, rain or ___ it's sun - shine. ___

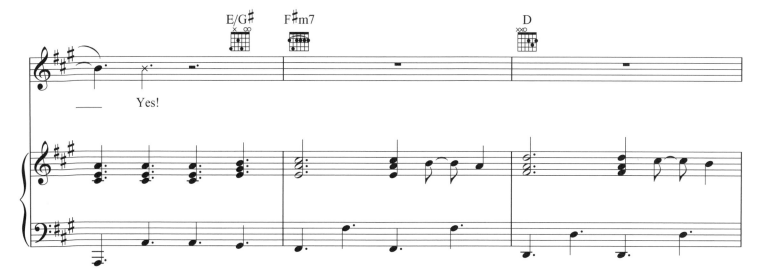

___ Yes!

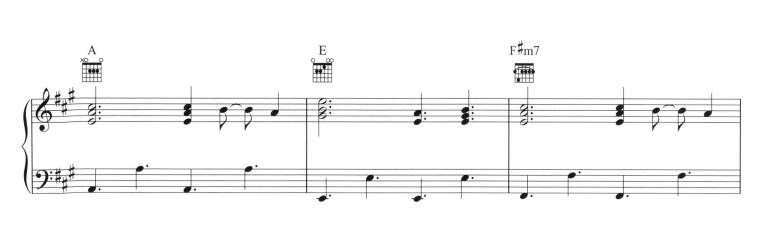